Mario Basacchi

São Sebastião
Novena e biografia

Citações bíblicas: *Bíblia Sagrada* – tradução da CNBB, 2001.
Editora responsável: *Celina H. Weschenfelder*
Equipe Editorial

6ª edição – 2011
5ª reimpressão – 2022

Nenhuma parte desta obra poderá ser reproduzida ou transmitida por qualquer forma e/ou quaisquer meios (eletrônico ou mecânico, incluindo fotocópia e gravação) ou arquivada em qualquer sistema ou banco de dados sem permissão escrita da Editora. Direitos reservados.

Paulinas

Rua Dona Inácia Uchoa, 62
04110-020 – São Paulo – SP (Brasil)
Tel.: (11) 2125-3500
http://www.paulinas.com.br – editora@paulinas.com.br
Telemarketing e SAC: 0800-7010081

© Pia Sociedade Filhas de São Paulo – São Paulo, 2002

Introdução

O culto a são Sebastião começou desde o seu martírio, no século III da era cristã. Ele é um dos santos mais queridos, venerados e invocados pelo povo, por ser considerado poderoso com Deus. As orações feitas com fé chegam a Deus mediante a gloriosa intercessão do mártir são Sebastião e serão atendidas, se for a vontade de Deus.

Os santos testemunharam com a própria vida e, muitas vezes, com o martírio a sua fé em Cristo. Na certeza de alcançar favores e graças por intermédio dos santos, as pessoas os invocam em suas novenas, prometendo mudar de vida, superando a barreira do egoísmo e indo ao encontro das pessoas mais necessitadas.

Breves traços biográficos de são Sebastião

Alguns historiadores afirmam que são Sebastião nasceu na cidade de Narbona, sul da França, mas, segundo santo Ambrósio, ele teria nascido em Milão, Itália. Órfão de pai, foi educado na religião cristã por sua piedosa mãe.

Sebastião abraçou a carreira militar com o intuito de poder ajudar seus irmãos de fé, perseguidos e encarcerados. Em Roma, capital do império romano, foi admitido na guarda pretoriana, sendo responsável pela segurança do imperador.

Em 284, Diocleciano assumiu o comando do império romano, que estava com suas fronteiras ameaçadas pelos povos da Europa central e oriental. A anarquia e a corrupção reinavam nas repartições públicas e a religião oficial era desrespeitada.

O imperador esforçou-se para restabelecer a ordem. E, com o intuito de uma unificação administrativa e religiosa, diante da determinação dos cristãos de não adorar os deuses romanos, iniciou a última e a mais sangrenta das perseguições contra os seguidores de Cristo. Durante treze anos, milhares de cristãos foram aprisionados, julgados e mortos cruelmente.

Nesse ambiente hostil, Sebastião continuou firme em sua fé, confortando os prisioneiros, amparando os pobres e pregando o Evangelho quando surgia uma oportunidade, sobretudo nas prisões e catacumbas, correndo risco de morte.

A ordem do imperador Diocleciano era muito firme, pois dizia que no seu império não havia espaço para os cristãos: "Sejam invadidas todas as igrejas! Sejam aprisionados todos os cristãos. Corte-se a cabeça de quem se reunir para celebrar o culto! Sejam torturados os suspeitos de serem cristãos. Queimem-se os livros sagrados em praça pública. Os bens da Igreja sejam confiscados e vendidos em leilão".

Então, para Sebastião, chegara o momento de dar testemunho de sua fé, não apenas com palavras, mas com seu martírio. Após ter sido denunciado e levado diante do tribunal do governador de Roma, com toda coragem, ele se declarou cristão e denunciou com veemência as injustiças praticadas contra os inocentes cristãos. O próprio imperador Diocleciano tentou fazê-lo abjurar o cristianismo e venerar os ídolos romanos. Mas Sebastião, mesmo afirmando lealdade a seu chefe, recusou-se a adorar os falsos deuses, dizendo que só adoraria o único Deus, o dos cristãos.

Acusado de traição, foi condenado a morrer a flechadas pelas mãos dos hábeis arqueiros, amarrado numa árvore. Quando os cristãos o recolheram, achando que estivesse morto, viram que Sebastião ainda respirava. Passados alguns meses, ele começou novamente a caminhar.

No ano de 287, especificamente no dia 20 de janeiro — dia reservado à adoração do imperador, que era considerado um deus —, Sebastião, cheio do Espírito Santo, apresentou-se, destemidamente, diante do imperador e reprovou-lhe a crueldade com que tratava os cristãos. O imperador ficou furioso e imediatamente ordenou que Sebastião fosse açoitado até a morte.

Estava lançada mais uma semente que faria brotar novos cristãos, reacendendo a memória gloriosa desse mártir do povo cristão.

Com a morte de Diocleciano, o imperador Constantino, em 313, deu liberdade de culto a todos os cristãos, livrando-os dos sofrimentos e crueldades impostos pelos imperadores anteriores.

PRIMEIRO DIA

São Sebastião: verdadeiro adorador vivo de Deus

Em nome do Pai, do Filho e do Espírito Santo. Amém.

Leitura bíblica

"Eu sou o primeiro e sou também o último, fora de mim não existe Deus" (Is 44,6b).

"Vou seguir o caminho da inocência: quando virás a mim? Caminharei com coração íntegro, na minha família e na minha casa" (Sl 101,2).

O exemplo de são Sebastião

No tempo em que viveu são Sebastião, declarar-se cristão era assinar a sua condenação à morte. Ele fora criado por uma mãe temente a Deus, na religião cristã; soube permanecer firme na fé e dar sua vida por ela. Um mártir é sempre uma testemunha, e seu exemplo é a afirmação da fé perante as pessoas. Contrariando as expectativas dos algozes, o mártir começa a ser admirado, venerado, e a sua memória se perpetuará para sempre, como aconteceu com Sebastião e outros santos.

Oração do dia

Ó glorioso mártir, são Sebastião, que, para vos conservar fiel à fé de vosso batismo, enfrentastes a mais cruel perseguição e derramastes vosso sangue, alcançai-nos a graça de permanecermos fiéis às promessas do nosso batismo e que nunca nos acovardemos em professar a nossa fé. Por Cristo Nosso Senhor. Amém.

Oração final

Ó glorioso mártir, são Sebastião, exemplo vivo de fé, de caridade, de fortaleza, de lealdade e de fidelidade, alcançai-nos de Deus a graça de acolhermos com alegria as adversidades da vida. Queremos, a vosso exemplo, abandonar os ídolos deste mundo e servir somente a Deus, nosso único e verdadeiro Senhor e Rei. Conhecendo o vosso poder de intercessão junto de Deus, humildemente vos pedimos a graça que tanto desejamos (*fazer o pedido*). Por Cristo Nosso Senhor. Amém.

Pai-Nosso, Ave-Maria e Glória-ao-Pai.
São Sebastião, confessor da fé, rogai por nós.

SEGUNDO DIA

São Sebastião: pregador do Reino de Deus

Em nome do Pai, do Filho e do Espírito Santo. Amém.

Leitura bíblica

"Proclamo com isenção de ânimo as virtudes que Deus, desde o princípio, colocou em suas obras e com verdade anuncio o seu conhecimento" (Eclo 16,25b).

"Meus irmãos, a fé que tendes em nosso Senhor Jesus Cristo glorificado não deve admitir acepção de pessoas". "O fruto da justiça é semeado na paz, para aqueles que promovem a paz" (Tg 2,1 e 3,18).

O exemplo de são Sebastião

São Sebastião foi um anunciador da Boa-Nova, um batalhador da fé e um apaixonado pela Palavra viva de Deus. Aproveitava-se de suas freqüentes visitas às prisões para pregar o Evangelho e fazer novos seguidores de Cristo. Em uma dessas visitas, enquanto falava do Reino de Deus, a mulher do carcereiro, que era muda, começou a louvar a Deus. Diante desse milagre, o carcereiro, sua mulher Zoé e muitos dos presentes se converteram ao cristianismo.

Oração do dia

Ó glorioso mártir, são Sebastião, que fostes um apaixonado pelo Evangelho de Cristo Jesus e um batalhador da fé, suscitai, na nossa comunidade, zelosos missionários do Reino de Deus, para que Cristo seja mais bem conhecido e amado. Por Cristo Nosso Senhor. Amém.

Oração final

Ó glorioso mártir, são Sebastião, exemplo vivo de fé, de caridade, de fortaleza, de lealdade e de fidelidade, alcançai-nos de Deus a graça de acolhermos com alegria as adversidades da vida. Queremos, a vosso exemplo, abandonar os ídolos deste mundo e servir somente a Deus, nosso único e verdadeiro Senhor e Rei. Conhecendo o vosso poder de intercessão junto de Deus, humildemente vos pedimos a graça que tanto desejamos (*fazer o pedido*). Por Cristo Nosso Senhor. Amém.

Pai-Nosso, Ave-Maria e Glória-ao-Pai.
São Sebastião, anunciador do Reino de Deus, rogai por nós.

TERCEIRO DIA

São Sebastião: fortaleza de Deus

Em nome do Pai, do Filho e do Espírito Santo. Amém.

Leitura bíblica

"Eu te amo, Senhor, minha força, Senhor, meu rochedo, minha fortaleza, meu libertador; meu Deus, minha rocha, na qual me refugio; meu escudo e baluarte, minha poderosa salvação" (Sl 18,2-3).

O exemplo de são Sebastião

São Sebastião, durante o seu peregrinar sobre esta terra, foi exemplo de firmeza em seus propósitos. Nunca vacilou, mesmo diante de ameaças e, a exemplo do seu divino Mestre, não abriu a boca para se queixar enquanto era açoitado e flagelado.

Firme em sua fé como uma fortaleza, confirmava os cristãos fracos e vacilantes, como fez com os nobres irmãos romanos, Marcos e Marcelino.

Oração do dia

Ó glorioso mártir, são Sebastião, que fostes exemplo de firmeza e de coragem, incansável em trazer novos irmãos à fé em Jesus, em animar e encorajar os cristãos vacilantes, sustentai a nossa fé nos momentos de dúvida e de tentação. Alcançai-nos de Deus a graça de nunca renegarmos a fé e de servirmos somente a ele, nosso Deus e Senhor. Amém.

Oração final

Ó glorioso mártir, são Sebastião, exemplo vivo de fé, de caridade, de fortaleza, de lealdade e de fidelidade, alcançai-nos de Deus a graça de acolhermos com alegria as adversidades da vida. Queremos, a vosso exemplo, abandonar os ídolos deste mundo e servir somente a Deus, nosso único e verdadeiro Senhor e Rei. Conhecendo o vosso poder de intercessão junto de Deus, humildemente vos pedimos a graça que tanto desejamos (*fazer o pedido*). Por Cristo Nosso Senhor. Amém.

Pai-Nosso, Ave-Maria e Glória-ao-Pai.
São Sebastião, testemunho de fortaleza, rogai por nós.

QUARTO DIA
São Sebastião: defensor dos perseguidos e injustiçados

Em nome do Pai, do Filho e do Espírito Santo. Amém.

Leitura bíblica

"Não tenhas medo que fui eu quem te resgatou, chamei-te pelo próprio nome, tu és meu" (Is 43,1b).

"Bendito seja o Deus e Pai de nosso Senhor Jesus Cristo, o Pai das misericórdias e Deus de toda consolação. Ele nos consola em todas as nossas aflições, para que, com a consolação que nós mesmos recebemos de Deus, possamos consolar os que se acham em toda e qualquer aflição" (2Cor 1,3-4).

O exemplo de são Sebastião

São Sebastião, por sua lealdade e fidelidade, foi nomeado capitão da guarda pessoal do imperador. Serviu-se de sua posição para ajudar os pobres, os perseguidos e os injustiçados. Em conseqüência da feroz perseguição desencadeada pelo imperador Diocleciano, milhares de cristãos foram lançados nas prisões e tiveram seus bens confiscados. Um grande número deles foi martirizado e tantos outros ficaram pobres. São Sebastião, além de confortar e encorajar os presos, dedicava-se a amparar viúvas, órfãos e os pobres de sua comunidade; reprovava aberta e publicamente a injusta perseguição contra os cristãos.

Oração do dia

Ó glorioso mártir, são Sebastião, que vos fizestes defensor dos perseguidos e injustiçados, olhai complacente a quantos são marginalizados, perseguidos e abandonados. Obtende-nos de Deus a graça de não fecharmos o coração e a mão a quantos solicitarem a nossa ajuda. Por Nosso Senhor Jesus Cristo. Amém.

Oração final

Ó glorioso mártir, são Sebastião, exemplo vivo de fé, de caridade, de fortaleza, de lealdade e de fidelidade, alcançai-nos de Deus a graça de acolhermos com alegria as adversidades da vida. Queremos, a vosso exemplo, abandonar os ídolos deste mundo e servir somente a Deus, nosso único e verdadeiro Senhor e Rei. Conhecendo o vosso poder de intercessão junto de Deus, humildemente vos pedimos a graça que tanto desejamos (*fazer o pedido*). Por Cristo Nosso Senhor. Amém.

Pai-Nosso, Ave-Maria e Glória-ao-Pai.
São Sebastião, defensor dos perseguidos e injustiçados, rogai por nós.

QUINTO DIA

São Sebastião: perfeito soldado e patrono dos militares

Em nome do Pai, do Filho e do Espírito Santo. Amém.

Leitura bíblica

"Alguns soldados também lhe perguntaram: 'E nós, que devemos fazer?' João respondeu: 'Não maltrateis a ninguém, nem tomeis dinheiro à força; não façais denúncias falsas e contentai-vos com o vosso salário'" (Lc 3,14).

O exemplo de são Sebastião

Sebastião era um jovem de bela aparência e de educação primorosa, dedicado e cumpridor de seus deveres. Em pouco tempo, granjeou a estima e a confiança de seus chefes e do próprio imperador, sendo logo nomeado capitão da guarda pretoriana. Mas a vida militar não o desviou dos deveres cristãos. Comprometido com a pátria e com o imperador, não se esquecia de que seu compromisso maior era com Cristo, seu Rei e Senhor. Por isso, não pensou duas vezes em renunciar às perspectivas de uma gloriosa carreira militar, para sacrificar sua vida pela fé que professava. Por sua bravura e coragem, são Sebastião é considerado o patrono dos militares.

Oração do dia

Ó glorioso mártir, são Sebastião, que soubestes conciliar vossos compromissos de soldado com as normas evangélicas, protegei nossos soldados, empenhados na defesa do território nacional, na segurança e na salvaguarda dos direitos dos cidadãos. Amparai-os e ajudai-os na luta contra o poder paralelo, contra o crime organizado e as forças do mal, até a vitória final. Por Cristo Nosso Senhor. Amém.

Oração final

Ó glorioso mártir, são Sebastião, exemplo vivo de fé, de caridade, de fortaleza, de lealdade e de fidelidade, alcançai-nos de Deus a graça de acolhermos com alegria as adversidades da vida. Queremos, a vosso exemplo, abandonar os ídolos deste mundo e servir somente a Deus, nosso único e verdadeiro Senhor e Rei. Conhecendo o vosso poder de intercessão junto de Deus, humildemente vos pedimos a graça que tanto desejamos (*fazer o pedido*). Por Cristo Nosso Senhor. Amém.

Pai-Nosso, Ave-Maria e Glória-ao-Pai.
São Sebastião, patrono dos militares, rogai por nós.

SEXTO DIA

São Sebastião: protetor de nossas cidades e paróquias

Em nome do Pai, do Filho e do Espírito Santo. Amém.

Leitura bíblica

"A multidão dos fiéis era um só coração e uma só alma. Ninguém considerava suas as coisas que possuía, mas tudo entre eles era posto em comum". "Entre eles ninguém passava necessidade..." (At 4,32.34).

O exemplo de são Sebastião

São Sebastião, a partir de seu martírio, foi venerado e amado primeiramente pela comunidade romana e aos poucos foi se tornando popular no mundo todo. Em sua honra foram erguidas igrejas e muitas cidades receberam o seu nome. Só no Brasil, mais de 350 paróquias o escolheram como protetor.

Oração do dia

Ó glorioso mártir, são Sebastião, alcançai-nos de Deus a graça de imitar vossas virtudes, especialmente a coragem que vos levou a enfrentar o martírio. Encorajai, são Sebastião, as pessoas que perderam o sentido da existência, dando-lhes uma nova razão para viver. Tudo isso vos pedimos em nome da Trindade Santa. Amém.

Oração final

Ó glorioso mártir, são Sebastião, exemplo vivo de fé, de caridade, de fortaleza, de lealdade e de fidelidade, alcançai-nos de Deus a graça de acolhermos com alegria as adversidades da vida. Queremos, a vosso exemplo, abandonar os ídolos deste mundo e servir somente a Deus, nosso único e verdadeiro Senhor e Rei. Conhecendo o vosso poder de intercessão junto de Deus, humildemente vos pedimos a graça que tanto desejamos (*fazer o pedido*). Por Cristo Nosso Senhor. Amém.

Pai-Nosso, Ave-Maria e Glória-ao-Pai.
São Sebastião, protetor de nossas cidades e paróquias, rogai por nós.

SÉTIMO DIA

São Sebastião: modelo de leigo engajado

Em nome do Pai, do Filho e do Espírito Santo. Amém.

Leitura bíblica

"O justo crescerá como a palmeira, como o cedro do Líbano se elevará; plantados na casa do Senhor, crescerão nos átrios do nosso Deus. Mesmo na velhice darão frutos, serão cheios de seiva e verdejantes, para anunciar quão reto é o Senhor: meu rochedo, nele não há injustiça" (Sl 92,13-16).

"Pela obediência à verdade, vos purificastes, para praticar um amor fraterno sem fingimento. Amai-vos, pois, uns aos outros, de coração e com ardor. Nascestes de novo, não de uma semente corruptível, mas incorruptível, mediante a palavra de Deus, viva e permanente" (1Pd 1,22-23).

O exemplo de são Sebastião

São Sebastião viveu em tempos de perseguição. Muitos cristãos renegaram sua fé e muitos outros se refugiaram em lugares afastados; mas ele permaneceu com a sua comunidade, auxiliando o bispo de Roma, o papa Fabiano. Para que Sebastião pudesse ensinar e propagar o Reino de Deus com mais autoridade, o papa lhe conferiu o subdiaconato, tornando-se um dos ministros da Igreja.

Oração do dia

Ó glorioso mártir, são Sebastião, sustentai a fé e a coragem dos que se dedicam a propagar o Reino de Deus. Fazei que nós nos engajemos na participação ativa da comunidade eclesial. Não queremos ficar desatentos aos apelos do Divino Mestre, mas nos dedicar ao serviço dos irmãos e à propagação da fé. Por Cristo Nosso Senhor. Amém.

Oração final

Ó glorioso mártir, são Sebastião, exemplo vivo de fé, de caridade, de fortaleza, de lealdade e de fidelidade, alcançai-nos de Deus a graça de acolhermos com alegria as adversidades da vida. Queremos, a vosso exemplo, abandonar os ídolos deste mundo e servir somente a Deus, nosso único e verdadeiro Senhor e Rei. Conhecendo o vosso poder de intercessão junto de Deus, humildemente vos pedimos a graça que tanto desejamos (*fazer o pedido*). Por Cristo Nosso Senhor. Amém.

Pai-Nosso, Ave-Maria e Glória-ao-Pai.
São Sebastião, modelo de leigo engajado, rogai por nós.

OITAVO DIA

São Sebastião: padroeiro da agropecuária e também invocado contra pestes e epidemias

Em nome do Pai, do Filho e do Espírito Santo. Amém.

Leitura bíblica

"Aleluia! Louvai o Senhor, pois ele é bom: pois eterno é seu amor". "Dá o alimento a todo ser vivo: pois eterno é seu amor" (Sl 136,1.25).

O exemplo de são Sebastião

As epidemias, hoje controladas graças ao avanço da medicina e à prática de normas de higiene, foram sempre flagelos da humanidade. Basta lembrar a peste negra na Idade Média e a gripe espanhola nas primeiras décadas do século XX, que dizimaram a população da Europa e do mundo todo. O Brasil também sofreu com a peste bubônica e a febre amarela. Diante de tantas aflições, as pessoas recorriam a Deus e a seus santos, pedindo proteção.

Conta-se que no ano 630, uma peste assolava certa cidade da Itália; o povo invocou a proteção de são Sebastião, prometendo-lhe, se cessasse o flagelo, erguer uma igreja em sua honra. Assim aconteceu e o povo cumpriu a sua promessa. A partir daquele dia, na Itália e no mundo todo, ele passou a ser invocado contra a peste e outras epidemias. Os nossos agricultores e pecuaristas o escolheram como padroeiro e sempre o invocam para que tenham fartas colheitas e sejam afastadas quaisquer pragas do gado.

Oração do dia

São Sebastião das causas difíceis e urgentes, ajudai-nos a chegar junto de Jesus, para que ele afaste de nós os flagelos da peste, da fome ou qualquer enfermidade. Fazei que não falte chuva nos campos e que a semente lançada na terra produza cem por cento, para que se afaste a terrível ameaça da fome, que ceifa tantas vidas em todo o mundo. Que nossos lavradores e pecuaristas tenham saúde e alegria, para serem recompensados com o fruto de seu trabalho. Por Cristo Nosso Senhor. Amém.

Oração final

Ó glorioso mártir, são Sebastião, exemplo vivo de fé, de caridade, de fortaleza, de lealdade e de fidelidade, alcançai-nos de Deus a graça de acolhermos com alegria as adversidades da vida. Queremos, a vosso exemplo, abandonar os ídolos deste mundo e servir somente a Deus, nosso único e verdadeiro Senhor e Rei. Conhecendo o vosso poder de intercessão junto de Deus, humildemente vos pedimos a graça que tanto desejamos (*fazer o pedido*). Por Cristo Nosso Senhor. Amém.

Pai-Nosso, Ave-Maria e Glória-ao-Pai.
São Sebastião, padroeiro da agropecuária e também invocado contra a peste e epidemias, rogai por nós.

NONO DIA

São Sebastião: esperança por um mundo melhor

Em nome do Pai, do Filho e do Espírito Santo. Amém.

Leitura bíblica

"Eu penso que os sofrimentos do tempo presente não têm proporção com a glória que há de ser revelada em nós" (Rm 8,18).

"Não tenhas medo dos sofrimentos que vais passar. [...] Sê fiel até a morte, e eu te darei a coroa da vida" (Ap 2,10).

O exemplo de são Sebastião

Nesses nove dias da novena, caminhamos com são Sebastião, nosso padroeiro, o grande modelo para todos os cristãos. Desde seu batismo até seu martírio, foi um exemplo a seguir, um amigo para guardar perto do coração, um irmão em quem confiar, um protetor para invocar a todo o momento, especialmente nas horas de amargura e de provação.

São Sebastião santificou-se exercendo uma profissão, em que muitos se deixam seduzir pela glória, pela corrupção e pela violência. Nós podemos, sem abandonar o nosso posto, desenvolver com paciência e amor as tarefas do nosso dever cotidiano, alcançar a perfeição e chegar à glória eterna. A exemplo de são Sebastião, nós também podemos melhorar o mundo, tornando-o menos egoísta, menos violento e mais fraterno.

Oração do dia

Senhor Deus, nosso Pai misericordioso, neste último dia da novena em honra de vosso glorioso mártir são Sebastião, pedimos, por sua intercessão, que nos torneis mais generosos e disponíveis para servir a nossos irmãos. Com a vossa graça e ajuda, queremos trabalhar para que vosso Reino de paz e de fraternidade se espalhe por todo o mundo. Por Cristo Nosso Senhor. Amém.

Oração final

Ó glorioso mártir, são Sebastião, exemplo vivo de fé, de caridade, de fortaleza, de lealdade e de fidelidade, alcançai-nos de Deus a graça de acolhermos com alegria as adversidades da vida. Queremos, a vosso exemplo, abandonar os ídolos deste mundo e servir somente a Deus, nosso único e verdadeiro Senhor e Rei. Conhecendo o vosso poder de intercessão junto de Deus, humildemente vos pedimos a graça que tanto desejamos (*fazer o pedido*). Por Cristo Nosso Senhor. Amém.

Pai-Nosso, Ave-Maria e Glória-ao-Pai.
São Sebastião, anunciador de um mundo melhor, rogai por nós.

Ladainha de são Sebastião (opcional)

Senhor, tende piedade de nós.
Cristo, tende piedade de nós.
Senhor, tende piedade de nós.
Cristo, ouvi-nos.
Cristo, atendei-nos.
Deus Pai dos céus, tende piedade de nós.
Deus Filho, Redentor do mundo, tende piedade de nós.
Deus Espírito Santo, tende piedade de nós.
Santíssima Trindade, que sois um só Deus, tende piedade de nós.

São Sebastião, valoroso soldado de Cristo, rogai por nós.
Fiel servidor de Deus, "
Propagador do Reino de Deus, "
Defensor dos perseguidos e injustiçados, "
Defensor dos órfãos e das viúvas, "
Patrono dos soldados, "
Testemunho de fé, "
Testemunho de caridade, "
Testemunho de fortaleza, "
Padroeiro da agropecuária, "
Padroeiro contra pestes e epidemias, "
Padroeiro contra a guerra e a fome, "
Amigo dos pobres e desamparados, "
Mártir da fé, "
Patrono das nossas cidades, "
Exemplo e guia para todos os cristãos, "
Exemplo de perseverança, "
Homem de oração, "
Esperança dos doentes, "

Consolação dos infelizes, rogai por nós.
Glória da Igreja,
Cordeiro de Deus, que tirais o pecado do mundo,
perdoai-nos Senhor.
Cordeiro de Deus, que tirais o pecado do mundo,
ouvi-nos Senhor.
Cordeiro de Deus, que tirais o pecado do mundo,
tende piedade de nós Senhor.
Rogai por nós, glorioso mártir são Sebastião.
Para que sejamos dignos das promessas de Cristo.

Oração

Ó Deus, que, pela paixão e morte de vosso Filho Jesus, redimistes o mundo, fazei que, seguindo o exemplo de vosso fiel servidor e mártir são Sebastião, possamos caminhar à luz do Evangelho; dai-nos a graça de professar a fé, rejeitando tudo o que não convém ao cristão, e de abraçar tudo o que for digno desse nome. Esperamos, assim, alcançar a glória eterna e louvar-vos com o nosso santo padroeiro, são Sebastião, por toda a eternidade. Por nosso Senhor Jesus Cristo, vosso Filho, na unidade do Espírito Santo. Amém.

Coleção Nossas Devoções

- *Os Anjos de Deus: novena* – Francisco Catão
- *Dulce dos Pobres: novena e biografia* – Marina Mendonça
- *Francisco de Paula Victor: história e novena* – Aparecida Matilde Alves
- *Frei Galvão: novena e história* – Pe. Paulo Saraiva
- *Imaculada Conceição* – Francisco Catão
- *Jesus, Senhor da vida: dezoito orações de cura* – Francisco Catão
- *João Paulo II: novena, história e orações* – Aparecida Matilde Alves
- *João XXIII: biografia e novena* – Marina Mendonça
- *Maria, Mãe de Jesus e Mãe da Humanidade: novena e coroação de Nossa Senhora* – Aparecida Matilde Alves
- *Menino Jesus de Praga: história e novena* – Giovanni Marques Santos
- *Nhá Chica: Bem-aventurada Francisca de Paula de Jesus* – Aparecida Matilde Alves
- *Nossa Senhora Achiropita: novena e biografia* – Antonio Sagrado Bogaz e Rodinei Carlos Thomazella
- *Nossa Senhora Aparecida: história e novena* – Maria Belém
- *Nossa Senhora da Cabeça: história e novena* – Mario Basacchi
- *Nossa Senhora da Luz: novena e história* – Maria Belém
- *Nossa Senhora da Penha: novena e história* – Maria Belém
- *Nossa Senhora da Salete: história e novena* – Aparecida Matilde Alves
- *Nossa Senhora das Graças ou Medalha Milagrosa: novena e origem da devoção* – Mario Basacchi
- *Nossa Senhora de Caravaggio: história e novena* – Leomar A. Brustolin e Volmir Comparin
- *Nossa Senhora de Fátima: novena* – Tarcila Tommasi
- *Nossa Senhora de Guadalupe: novena e história das aparições a São Juan Diego* – Maria Belém
- *Nossa Senhora de Nazaré: novena e história* – Maria Belém
- *Nossa Senhora Desatadora dos Nós: história e novena* – Frei Zeca
- *Nossa Senhora do Bom Parto: novena e reflexões bíblicas* – Mario Basacchi

- *Nossa Senhora do Carmo: novena e história* – Maria Belém
- *Nossa Senhora do Desterro: história e novena* – Celina Helena Weschenfelder
- *Nossa Senhora do Perpétuo Socorro: história e novena* – Mario Basacchi
- *Nossa Senhora Rainha da Paz: história e novena* – Celina Helena Weschenfelder
- *Novena à Divina Misericórdia* – Tarcila Tommasi
- *Novena das Rosas: história e novena de Santa Teresinha do Menino Jesus* – Aparecida Matilde Alves
- *Novena em honra ao Senhor Bom Jesus* – José Ricardo Zonta
- *Ofício da Imaculada Conceição: orações, hinos e reflexões* – Cristóvão Dworak
- *Orações do cristão: preces diárias* – Celina Helena Weschenfelder
- *Padre Pio: novena e história* – Maria Belém
- *Paulo, homem de Deus: novena de São Paulo Apóstolo* – Francisco Catão
- *Reunidos pela força do Espírito Santo: novena de Pentecostes* – Tarcila Tommasi
- *Rosário dos enfermos* – Aparecida Matilde Alves
- *Rosário por uma transformação espiritual e psicológica* – Gustavo E. Jamut
- *Sagrada Face: história, novena e devocionário* – Giovanni Marques Santos
- *Sagrada Família: novena* – Pe. Paulo Saraiva
- *Sant'Ana: novena e história* – Maria Belém
- *Santa Cecília: novena e história* – Frei Zeca
- *Santa Edwiges: novena e biografia* – J. Alves
- *Santa Filomena: história e novena* – Mario Basacchi
- *Santa Gemma Galgani: história e novena* – José Ricardo Zonta
- *Santa Joana d'Arc: novena e biografia* – Francisco de Castro
- *Santa Luzia: novena e biografia* – J. Alves
- *Santa Maria Goretti: história e novena* – José Ricardo Zonta
- *Santa Paulina: novena e biografia* – J. Alves
- *Santa Rita de Cássia: novena e biografia* – J. Alves

- *Santa Teresa de Calcutá: biografia e novena* – Celina Helena Weschenfelder
- *Santa Teresinha do Menino: novena e biografia* – Jesus Mario Basacchi
- *Santo Afonso de Ligório: novena e biografia* – Mario Basacchi
- *Santo Antônio: novena, trezena e responsório* – Mario Basacchi
- *Santo Expedito: novena e dados biográficos* – Francisco Catão
- *Santo Onofre: história e novena* – Tarcila Tommasi
- *São Benedito: novena e biografia* – J. Alves
- *São Bento: história e novena* – Francisco Catão
- *São Brás: história e novena* – Celina Helena Weschenfelder
- *São Cosme e São Damião: biografia e novena* – Mario Basacchi
- *São Cristóvão: história e novena* – Mário José Neto
- *São Francisco de Assis: novena e biografia* – Mario Basacchi
- *São Francisco Xavier: novena e biografia* – Gabriel Guarnieri
- *São Geraldo Majela: novena e biografia* – J. Alves
- *São Guido Maria Conforti: novena e biografia* – Gabriel Guarnieri
- *São José: história e novena* – Aparecida Matilde Alves
- *São Judas Tadeu: história e novena* – Maria Belém
- *São Marcelino Champagnat: novena e biografia* – Ir. Egídio Luiz Setti
- *São Miguel Arcanjo: novena* – Francisco Catão
- *São Pedro, Apóstolo: novena e biografia* – Maria Belém
- *São Roque: novena e biografia* – Roseane Gomes Barbosa
- *São Sebastião: novena e biografia* – Mario Basacchi
- *São Tarcísio: novena e biografia* – Frei Zeca
- *São Vito, mártir: história e novena* – Mario Basacchi
- *A Senhora da Piedade: setenário das dores de Maria* – Aparecida Matilde Alves
- *Tiago Alberione: novena e biografia* – Maria Belém